ԺՈՂՈՎՐԴԱԿԱՆ ԱՌԱԾՆԵՐ ԵԻ ԱՍԱՑՈՒԱԾՔՆԵՐ

Հաւաքեց եւ խմբագրեց՝

Տիրամայր
Սեդա Յովհաննէսեան Գրաճեան

Նիւ Ճերզի, 2021

Սիրելի Հայրենակից,

Սիրելի Ընթերցող,

Տարիներու ընթացքին սրտիս մօտ եւ զիս հետաքրքրող՝ մեր նախնիքներուն իմաստութեան արտայայտութիւներն ու հանճարոյ խoսքերը ամփոփուած կը ներկայացնեմ այս գրքոյկին մէջ, ցեղասպանութիւնէն վերապրող երջանկայիշատակ՝ մօրս Մարգրիտ Յովնանեան Գրաճեանի եւ հօրս Սարգիս Գրաճեանի յիշատակներուն: Մեր նախնիներու աստյթերն ու առածները ես այս համեստ հաւաքածոյին մէջ սկսած եմ հաւաքել դեռ իմ երիտասարդական տարիներէն: Անոնց մեծ մասը պահած եմ այս գրքոյկին մէջ ինչպէս որ է: Պատմական Հայաստանի զանազան տեղական բարբառով առածներէն ոմանք ալ պահեցի այնքան, որքան որ լեզուական առումով ընդունելի էր: Ուրիշներն ալ ես փոփոխած եմ, որպէսզի հասկնալի դառնան մեր արեւմտեան հայերէնով:

(Աստուածաշունչ, Գիրք Առակաց 1.2)

Ա

Ազահէն քան ուզեցիր, ջուրին մէջ ծակ փորեցիր:

Ազահութիւն ծնող է չարեաց:

Ադամանդը՝ ադամանդ կը կտրէ:

Ադամանդը ցեխին մէջ ալ իր արժէքը չի՛ կորսնցներ:

Ալիւրը մադեր, մաղը կախեր է:

Ալիւրը մենք մաղեցինք, *փախլաւան*[1] ուրիշը կերաւ:

Ականջ մի կախեր հաճոյախօսին, լսէ դուն նաեւ վատը քու
  մասին:

Ահը վեր է՝ քան մահը:

Աղէկ կին, չունի զին:

Աղէկ օրը, բարեկամ շատ կը զտնունի:

Աղուէսը խաղողին չհասաւ, ըսաւ՝ խակ է:

Աղջիկս քեզ կ՛ըսեմ, հա՛րս դուն հասկցիր:

Աղքատ ապրիլն ամօթ չէ, աղտոտ ապրիլն է ամօթ:

Աղքատը ունի հաց ու պանիր, զիշերը քունը չի տանիր:

Աղքատին խրատ տուող շատ, հաց տուող՝ քիչ:

Ամէն բարեւ տուող բարեկամ չէ:

Ամէն բացուած դայրող, բանտ մը կը զոցէ:

---

[1] Խմորեղէն (Արաբ. بقلاوة):

Ամէն Երուսաղէմ զացող *հաճի*[2] չ'ըլլար:

Ամէն ծաղիկ բոյր չ'ունենար:

Ամէն ծառ իր պտուղէն կը ճանչցուի:

Ամէն կլոր՝ խնձոր չէ:

Ամէն մարդ՝ «իմ ալիւրս ճերմակ է» կ'ըսէ:

Ամէն մէկ վերջ, նոր սկիզբ մըն է:

Ամէն չարիքի մէջ, բարիք կայ:

Ամէն պարտութիւն, խրատ մըն է:

Ամէն վայրէջք իր վերելքն ունի:

Ամէն փոթորիկէ ետք, արեւ կը ծագի:

Ամէնքն ալ *աղա*[3] հապա, մեր չադացքը ով աղայ:

Այնպէս բազմութիւն կար որ, չունը իր տերը չէր ճանչնար:

Այս խմորը դեր շատ ջուր կը վերցնէ:

Անամօթին երեսը թքեցին, ըսաւ՝ կ'անձրեւէ:

Ան մարդն որ Աստուած ունի, աղքատ չէ:

Ան որ ըսէ ինչ որ ուզէ, կը լսէ ինչ որ չուզեր:

Ան որ լռել չի գիտեր, խօսիլ ալ չի գիտեր:

Անձրեւէն փախաւ կարկուտի բռնուեցաւ:

Անոր չուանովը հորը մտնողը հոն կը մնայ:

---

[2] Ուխտաւոր (Արաբ. حجّي):

[3] Քաղաքացիական կամ ռազմական կոչում մը որ Օսմանեան կայսրութեան որոշակի գործիչներու անուէն հետո կը դրուէր:

Անուշ լեզուն մեղրէն քաղցր է, օձը ծակէն կը հանէ:

Անուշ հոտը վարդէն կուգեն, մարդկութիւնը՝ մարդէն կուգեն:

Անպտուղ ծառին՝ քար նետող չըլլար:

Աշխատանքը մայրն է ամէն բարիքի, ծուլութիւնը՝ չարիքի:

Աչքն է մարմնին ճրագը: Խիղճն է հոգւոյն լուսակը:

Առանց փուշի վարդ չըլլար:

Առաջ գետին անցքը գտիր, ետքը չուր մտիր:

Առաջ *պըլիկ*,[4] ետքը տնիկ, ետքն ալ կնիկ:

Առողջ սիրտը մարմինի կեանք է բայց նախանձը ոսկորներու բռութիւն է

Ասեղը ուր որ մտնէ՝ դերձանը ետեւէն կ՚երթայ

Արագ քալեմ, կ՚ըսեն ծուռ է, դանդաղ երթամ կ՚ըսեն կոյր է:

Արգիլուած պտուղը համով կ՚ըլլայ:

Արեքակը որ այնչափի բարձր ու լուսաւոր է, մէկ փոքր ամպը կը ծածկէ:

Արիեստ ունեցողը մինչեւ կէսօր անօթի կը մնայ, չունեցողը՝ մինչեւ իրիկուն:

Արդար իւղը չուրին տակ չի՛ մնար:

Աւազի վրայ տուն չի շինուիր:

Աւելի լաւ է կանգնած մեռնիլ, քան թէ չոքած ապրիլ:

Բ

Բամբասողի լեզուի տակ ինկողը անկրակ կայրի:

Բանը բանէն անցնելէն վերջը, ամէն մարդ խելք տրուեցնող կ՚ըլլայ:

Բանը բերնէ բերան, ասեղը դարձաւ գերան:

Բառերը անգօր են երբ հոգիները կը խօսին:

Բառերը մեղուներու նման են՝ մեղր ալ ունին, խայթոց ալ:

Բարեկամ կորսնցնելը դիւրին է, գտնելը՝ դժուար:

Բարեկամը փորձանքի մէջ կը ճանչցուի:

Բարիքները վայելած ատեն, բարերարը մի՛ մոռնար:

Բարիքի դէմ բարիք ամէն մարդու գործ: Չարիքի դէմ բարի՛
   ազնիւ մարդու գործ:

Բարկացող անձը միշտ վնասով դուրս կու գայ:

Բարկութիւնը կը սկսի խենթութեամբ՝ կը վերջանայ զղջումով:

Բարձր ձայնը եթէ բանի ծառայեր, էշը պալատներու տէր կը
   դառնար:

Բերանդ բանալու տեղ՝ աչքդ բաց:

Բերնէ բերան՝ կ՚ըլլայ գերան:

Բոլոր մատները իրար հաւասար չեն:

Բոշան, *փաշա*[5] չի դառնար:

---

[5] Թուրքական ծագում ունեցող աձական կամ տիտղոս մը, որ
օգտագործուած էր Օսմանեան բարձրաստիձան ռազմական ՛սպաներու

Գայլէն վախցողը ոչխար չի պահեր:

Գայլին անունը ելեր է, աղուէսն աշխարհի կը քանդէ:

Գաղտնիքդ ընկերոջդ մի վստահիր. յիշէ որ ան ալ ընկեր ունի:

Գառը՝ գառնան, ձիւնը՝ ձմռան:

Գինի խմողն կը հարբի. կռիւ մտնողն կը մեռնի:

Գինի, օղի, հայ հայ, զիր ու հաշիւ վայ վայ:

Գինին ներս կը մտնէ, գաղտնիքը դուրս կ՚ելլէ:

Գիտնական դառնալը դիւրին է: Մարդ դառնալն է դժուար:

Գիտունի հետ քար քաշելը հեշտ է խիստ. Տգետի հետ մեղր
    ուտելը դժուար է:

Գիրկդ նստած, մօրուքդ կը փետտէ:

Գիւղէն դուրս չելած, շուները մի ծաղրեր:

Գնա մեռիր եկուր սիրեմ:

Գոհունակութիւնը անսպառ գանձ մըն է:

Գողցուած օձարը շուտ կը հալի:

Գործ տուին՝ փախաւ, հաց դրին՝ հասաւ:

Գործածծուած բանալին փայլուն կ՚ըլլայ:

Գրողն ալ մեղր է կերեր՝ կարդացողն ալ:

համար: Հայերը այդ բառը կիրառած են նաեւ հասարակութեան մէջ
կարեւոր կարգավիճակ ունեցող հայ տղամարդկանց համար:

Դ

Դատարկ կարասը ուժեղ ձայն կը հանէ:

Դգալ դգալ ժողվեցի, շերեփի շերեփի գրուեցի:

Դգալով ջուր կուտայ կոթով աչքը կը հանէ:

Դեռ շատ հաց ու պանիր պետք է որ մարդ ըլլայ:

Դիտէ՛, ապա դատէ՛:

Դուն ադա, ես ադա, մեր ադունը ո՞վ ադա:

Դուն ինչ կուզես ըսէ ան իր էշը կը քշէ:

Դուն թէ գիտես հազար բան մէկ գիտցողէն բան հարցուր.

  գուցէ առնես պատասխան, քու հազարդդ նոր եւ սուր:

Դուն թող՝ ջուրը իր ճամբան կը գտնէ:

Դրամը մութ տեղը լոյս կուտայ:

Ե

Եթէ դրամ կորսնցնես, շատ բան կորսնցուցած չես ըլլար. Եթէ

  ժամանակ կորսնցնես, շատ բան կորսնցուցած կ'ըլլաս. Եթէ

  առողջութիւն կորսնցնես, ամէն բան կորսնցուցած կ'ըլլաս:

Եթէ կարենաս յաղթահարել զայրոյթիդ, ան չի կրնար յաղթել

  քեզի:

Եթէ մեր ուզածը չենք կրնար, զոնէ մեր կրցածը ընենք:

Եթէ սիրածդ չի գտնես, գտածդ սիրէ՛:

Եթէ տունդ ապակի է, ուրիշին քար մի նետե՛ր:

Եղբայրութեան ատեն եղբօր պէս: Առեւտուրի ատեն օտարի
  պէս:

Ես աղա, դուն աղա, մեր ցորենը ո՞վ աղայ:

Ես գանձ կ՚ըսեմ, ան՝ տանձ:

Ես Մուսուլ կ՚ըսեմ ան *Մշարլ*[6] կը հասկնայ:

Երանի տուողաց, ոչ առնողաց:

Երախշտութիւնը կատարեալ լէզուն է բոլոր զգացումներուն:

Երբ բարկութեան բոցը քու մէջդ վառի. հայլիին մէջ նայէ, ան
  շուտ կը մարի:

Երբ լսես հաչել շան, առ ձեռքդ գաւազան:

Երբ կատուն չկայ, մուկերուն հարսնիք է:

Երբ որ տունեդ հեռանաս, տանդ յարգը կ՚իմանաս:

Երբ Տէրը մարդու մը ճամբաներուն հաւնի մինչեւ անգամ անոր
  թշնամիները կը հաշտեցնէ անոր հետ:

Երգեր շատ գիտեմ, բայց երգել չեմ գիտեր:

Երեկը ոչ եւս է, վաղը՝ դեռ ոչ, այս օրը վայլէ:

Երես տաս՝ աստառ ալ կուզէ:

Երկաթը տաք-տաք կը ծեծեն:

Երկու լսէ, մէկ խօսէ:

Երկու նաւապետ ունեցող նաւը, շուտով կ՚երթայ ծովու յատակը:

Երկու փարայի կերակուր է եփեր. տասը փարայի աման է կոտրեր:

Երջանիկ է ան, որ երջանիկ է իր տան մէջ:

Երջանիկ կեանք չկայ այլ երջանիկ պահեր:

Եփած ապուրին ջուր չեն լեցներ:

Եօթը անգամ չափէ, մէկ անգամ կտրէ:

Զ

Զանգակին ձայնը հեռուէն անուշ կուգայ:

Զարգացումը կեանքի յաջողութեան զօրաւոր ազդակներէն մէկն է:

Զաւակը չի ծեծողը՝ ծունկը կը ծեծէ:

Զուտ ոսկին ժանգ չի բռներ:

Զուր հաչող շունը՝ հօտին վրայ գայլ կը բերի:

Զրպարտութիւնը արհամարհէ, եւ ան ուժաթափ կ՚ըլլայ:

Է

Էշը որ է՛շ է, ինկած տեղը անգամ մրն ալ չ'իյնար:

Էշն ի՞նչ գիտէ նուշը, կ'երթայ կ'ուտէ փուշը:

Էշու պես աշխատի՛ր, ձիու պես հպարտացի՛ր:

Ը

Ընկերոջ ապտակն աւելի լաւ է, քան թշնամիին համբոյրը:

Ընկերոջ հինը լաւ է, հագուստին նորը:

Ընկոյզ չ'եղած ծառին քար չի՛ նետեր:

Ընտի՛ր գինիին ընտի՛ր կարաս:

Ըսելն ու ընելը՝ շատ տարբերութիւն կայ:

Ըսեր են առ ու տուր, ոչ թէ առ ու կուլ:

Ըսէ՛ որոնք են բարեկամներդ, ըսեմ ինչ մարդ ես:

Թ

Թէ ականջ տաս քեզ բամբասողին, կեանքդ կը դարձնես վշտի
  անկողին:

Թէ առողջ ես՝ ունեւոր ես. թէ հիւանդ ես չքաւոր ես:

Թէ դրախտին թէ դժոխքին բանալին է անկասկաց կին:

Թէ քամին կողովին մէջ մնայ, խրատն ալ զլխուն մէջ կը մնայ:

Թթու է՝ քան չէ, ամեն մարդու քան չէ:

Թշուառը մինչեւ անգամ իր ընկերին ատելի է. Բայց

հարուստին բարեկամները շատ են:

Թշնամիդ մրջիւն ալ ըլլայ, դարձեալ զգոյշ կեցիր:

Թոյլ մի՛ տար, որ լեզուդ խելքէդ առաջ անցնի:

Թունդ քացախը իր ամանը կը ճաթեցնէ:

Թռչունը թեւով կը թռչի, մարդը՝ անունով ու գործով:

Ժ

Ժամանակը ոսկի է:

Ժամանակը քեզի չի յարմարիր: Դուն ժամանակին յարմարէ՛:

Ժամէն ես կուզամ «ողորմի Աստուած» դուն կրսես:

Ժեռ քարը աւելի լաւ է, քան անգութ սիրտը:

Ժպտիլ չգիտցողը արեւտուրի թող չակսի:

Ի

Իգուր մի վատներ վայրկեանդ երբեք, որովհետեւ ա՛լ պիտի չի

գայ ետ:

Իմանալու համար պետք է հարցնել:

Իմաստուն կինը իր տունը կը կառուցանէ իսկ յիմարը զայն իր

ձեռքովը կը փլցնէ:

Իմաստուն որդին իր հայրը կուրախացնէ իսկ անմիտ որդին

մօրը տրտմութիւն է:

Ինչ աղբիւրէն մարդ ջուր խմէ, այդ աղբիւրին քար չի նետեր:

Ինչ որ ընես, զայն կը լսես:

Ինչ որ կուզես որ ուրիշը ընէ քեզ՝ դուն ալ ջանա ընել անոր

ճիշտ այնպէս:

Ինչ որ ընես, առջեւդ կ՚ելլէ:

Ինչ որ ցանես, այն կը հնձես:

Ինչպէս ամէնէն կարծր պողպատէ դանակն ալ պետք ունի

սրուելու, նոյնպէս ամէնէն իմաստուն մարդն ալ պետք ունի

խորհուրդին ուրիշներուն:

Ինչքան լեզու իմանաս՝ այնքան մարդ ես:

Իսկական բարեկամը մեծ զանձ է:

Իրն ըստ ինքեան ոչ բարի է եւ ոչ չար: Քու մէջդ փնտրէ անոնց

աղբիւրն ու պատճառ:

Լ

Լալ բարեկամները ձեռքի մատերու վրայ կը հաշուին :

Լալ է իրիկունը սոված քնանաս, քան առաւօտը պարտքով
     արթննաս:

Լալ է մարմնաւոր աղքատ՝ քան հոգեւոր:

Լալ է ուշ, քան երբեք:

Լալ է իմաստունէն յանդիմանութիւն լսել, քան յիմարէն
     գովասանք:

Լալ է քիչ, քան ոչինչ:

Լալ է քնանալ հանգիստ խղճով, քան աղօթել նենգ
     մտածումներով:

Լալ հարեւանը ոսկի է:

Լալ սկիզբը գործին կէսն է:

Լաւութիւն որէ, ջուրը թափէ:

Լաւութիւն որիր՝ լրէ: Քեզի լաւութիւն որին՝ խоսէ:

Լեզու կայ դեղ է, լեզու կայ՝ մկնդեղ:

Լեզուն ոսկոր չունի:

Լոէ կամ այնպիսի բան մը ըսէ որ լռութիւնէն աւելի արժէ:

Լռութիւնը միշտ չէ, որ ոսկի է:

Լռութիւնը յիմարին դէմ զօրութիւն է. Բարկութիւնը քու
     հոգիիդ համար՝ թոյն:

Խ

Խելքը մօրուքի հետ չի մեծնար:

Խեղդուածին տանը *չուանի*[7] անուն չեն տար:

Խեղղուողը շիղին[8] կը կառչի:

Խենթը խօսք մը նետեց մէջտեղ քարասուն խելացի չկրցան

պատասխան տալ:

Խենթին կովն է կորսուեր, խելոքին խրատ է եղեր:

Խորհած խորհուրդին խօսք չեն խառներ:

Խորհուրդ մարդկան, կամք Աստուծոյ:

Խորունկ հաւատքով մը պաշտող հոգին՝ ոսկի բանալին ունի

երկնքին:

Խօսիլը ցանել է, լսելը հնձել:

Խօսք ըսածդ կլոր է, խորհէ՛, վերջը գլորէ:

Խօսքը արձադ է, լռութիւնը ոսկի:

Խօսքերու շատութեան մէջ յանցանք չի պակսիր. Բայց իր

շրթունքը զսպողը ուշիմ է:

Խօսքը՝ մեծին, ջուրը՝ փոքրին:

Խօսքը քանի բերանդ է քուկդ է. բերնեդ ելաւ քուկդ չէ:

Խօսքով փիլաւ չ'եփիր:

---

7 Պարան:
8 Գուլպա հիւսելու խոչոր ասեղ:

Ծ

Ծակող լեզու թէ ունիս, սուրբը տունէդ կը վանես:

Ծառը ամուր է իր արմատներով. իսկ մարդը՝ իր

   բարեկամներով:

Ծառը ինչքան բերք տայ, գլուխը այնքան խոնարհի կը պահէ:

Ծառը տնկէ, բարը բարով վայելէ:

Ծառը պտուղով կը գնահատուի:

Ծառը *բորենի* կը փտի:

Ծառին ուժը իր արմատներուն մէջն է:

Ծառին տակ պառկելով բերանդ տանձ չ'իյնար:

Ծառն ամուր է արմատներով, իսկ մարդը՝ բարեկամներով:

Ծոյլին համար ամէն օր կիրակի է:

Ծով կ'երթաս, ցամա՞ք կուգաս:

Ծովը ինկողը ճիւղ կը փնտռէ:

Ծուլութիւնը ապագայ կեանքի սպանիչն է:

Ծուռ հայելին ամէն ինչ ծուռ կը ցուցնէ:

Ծուռ նստինք, շիտակ խօսինք:

Ծուռ փայտը տաշելով չի շտկուիր:

Ծուռ քանակէն ուղիղ գիծ չ'ելլեր:

---

[9] Արմատ

Կ

Կապոյտն ու շողը երկնքին պետք է լիսեն կնոջ հոգին:

Կարեկցիլ թշուարութեան մարդկային է. Զայն դարմանել
  Աստուածային է:

Կարկուտէն փախանք, անձրեւի բռնուեցանք:

Կարճ խելքը երկար լեզու ունի:

Կարմիր ոսկին՝ սեւ օրին համար է:

Կեղծ դրամն է պարկեշտութեան հակառակ. Որ մ'անկասկած
  ան կ'ընէ քեզ խայտառակ:

Կրակը բամպակի մէջ չի պահուիր:

Կոշկակարին մաշիկը ծակ կըլլայ:

Հ

Հագուստը կը պալեցնէ, գիտելիքը կը փայլեցնէ:

Հագուստին նորն է լաւ, ընկերոջ՝ հինը:

Հազար լսէ, մէկ խոսէ:

Համձելի խոսքերը մեղրի խարիսխին պես են. Հոգիի
  բաղցրութիւն են ու ոսկորներուն առողջութիւն:

Համերաշխ եղբայրներ նոր տուներ կը շինեն, անհաշտ
  եղբայրներ եղածը կը ծախեն:

Համբ հտտեն հանեց:

Հայու վերջին խելքին խելք չի հասնիր:

Հայր մը տասը զաւակ կը կերակրէ, բայց տասը զաւակ հայր
  մը չեն կերակրեր:

Հայրենիքի արժէքը պանդուխտը կ'իմանայ:

Հայրը խադող կերաւ, տղան զինովցաւ:

Հաշիւ պիտի տաս քու խղճիդ. պալատ ըլլայ տունդ թէ խրճիթ:

Հասկցողին մէկ ըսէ, չհասկցողին՝ հազար ու մէկ:

Հարուստը ոձ կերաւ ըսին դեղ է, աղքատը կերաւ՝ ըսին անօթի է:

Հաւկիթէն ելեր է, հաւը չի հաւնիր:

Հեռաւոր սուրբը զօրաւոր կ‌լլայ:

Հոգալով ուրիշներու երջանկութեան մասին, մենք կը գտնենք
  մեր սեփական երջանկութիւնը:

Հոգի մը առանց բարութեան մեղու մրն է առանց մեղրի:

Հակայ ծառն ալ փոքրիկ սերմէն կ'աճի:

Ձ

Ձերքդ չհասաձ տեղը մի՛ երկրնցներ:

Ձիդ ծառին նախ լաւ կապէ վերջը Աստուծոյ հանցնէ:

Ձմեռը բաղնեկպան ըլլաս, ամառը այգեպան:

Չու գողցողը ձի ալ կը գողնայ:

Չուկը գլխէն կը հոտի: Չուրը ակէն կը պղտորի:

Ղ

Ղազարը գիտէ իրեն *բաղարը*:[10]

Ղեկն աշխարհի ձեռքն է այն կնոջ որ իր տուն կառավարել

  գիտէ զգոն ու արթուն:

Ղերիբ[11] շունը պոչը քաշած կը պահէ:

Ճ

Ճակտիդ քրտինքին դուն ապաւինէ. ան միայն կեանքիդ

  օրինուած գանձն է:

Ճամբորդի երթալն իր ձեռքն է, դառնալն՝ Աստուծոյ:

Ճանճ եղիր, պատը կպիր:

Ճերմակ պատին մուր չեն քսեր:

Ճիզը ունայն է երբ յարատեւ չէ:

Ճշմարիտ բարեկամները կը նմանին երկու աչքերու որ մէկ կը

   տեսնեն:

Ճշմարիտ բարեկամը ամենամեծ երջանկութիւնն է:

Ճշմարտութիւնը գիտութիւններու արեւն է:

Ճշմարտութիւնը երեխաներու բերնէն կ՚ելլէ:

Ճրագէդ ճրագ վառելով՝ բան չի պակսիր:

Ճրագի առջեւը *չախմախ*[12] չեն տար:

Մ

Մաղով ջուր կը կրէ:

Մայրն երկինքին է նման. աստղերու ծնունդ կուտայ ան:

Մայրն է իր զաւկին ճակատագիրին ճարտարապետն ու ոսկի

   բանալին:

Մայրն երկնքին է նման. Աստղերու ծնունդ կուտայ ան:

Մատին փաթթող է ըրեր:

Մարդ կայ մարդ է, մարդ կայ զարդ է:

Մարդն մարդով, երկունսն՝ Աստուծով:

Մարդուն սիրտը եւ ծովուն անդունդը անթափանցելի են:

Մարդուն սիրտը կը ծրագրէ իր ճամբան բայց Տէրը կը
հաստատէ անոր քայլերը:

Մաքրէ կանթեղդ եւ իւղը բրէ անպակաս. որ տանդ մէջ միշտ
ճրագ ու լոյս ունենաս:

Մեծին չլսողին ոտքը քարին կը զարնուի:

Մեղր ուտողը մատը կը լզէ:

Մեղրէն կը կշտացուի, անուշ խոսքէն` ոչ:

Մեղքը` լալով. Պարտքը տալով:

Մեր անձը գասելու իրաւունքը չի բովանդակեր նաեւ ուրիշները
գասել:

Մէկ խենթ մը եթէ քարը ջուրը ձգէ, տասը խելոք չեն կրնար
հանել:

Մէկ կայ հազար կ՛արժէ, հազար կայ մէկ չարժեր:

Մէկ ձեռքով ծափ չես զարներ:

Մէկ ունեմ` հազար փարք տամ:

Մէկ վարդով գարուն չի գար: Մէկ ձեռքով ծափ չի զարնուիր:

Մթութեան մէջ լոյս է հարկաւոր, դշբախտութեան մէջ` խելք:

Մի բնաւ անիծեր. անէծքն է յիմար: Մաքուր շրթներուդ
օրհնէնքն է հարմար:

Մի ձգեր, որ լեզուդ խելքէդ առաջ անցնի:

Միամիտ մարդը ամէն խոսքի կը հաւատայ. Բայց խորագէտը
իր քայլերուն ուշադրութիւն կը դարձնէ:

Միայն կոյրը կրնայ երկու անգամ նոյն փոսն իյնալ:

Միլիոններովդ դուն մի պարծենար: Մերկ պիտի երթաս, զի
  մերկ ալ ծնար:

Մինչեւ խելօքը մտածէ, խենդը գործը տեսած է:

Մոտիկ հարեւանը լաւ է քան հեռու ազգականը:

Մուկն իր ծակի դուռը առիւծ է:

Մտիկ ընողին մժեղին մրմունջը բաւէ, մտիկ չընողին գուռնայ-
  դհուրը՝ անօգուտ:

Մոր երգն հոգւոյն արձականք, օրօրոցին կուտայ կեանք:

Մոր մը սիրտը իմաստուն դասարան է իր որդուն:

Յ

Յաճելի խօսքերը մեղրի խարիսխին պէս են: Հոգիի
  զաղցրութիւն են ու սկորներուն առողջութիւն:

Յատակը չտեսած փոսիդ մէջ մի կոխեր:

Յիմարը թէ որ դնէ *սամուր*[13] գտակ՝ դարձեալ յիմար է յիմար:

Յօնքը շինելու տեղ աչքն ալ հանեց:

---

[13] Ընտիր սեւ մուշտակ:

Ն

Նախ մտածէ՛, յետոյ խօսէ՛:

Նախ տես, ապա զարմացիր:

Նախանձորդը հանգիստ չունի, ստախօսը չափ չունի:

Նաչարը[14] կուտէ խաշուած բանճար:

Նետն ու խօսքը դուրս թռչելէն վերջը ալ ետ չեն դառնար:

Նմանը նմանին կը սիրէ:

Նոյն ծաղիկէն օձը թոյն կը շնէ, մեղուն մեղր:

Շ

Շան հետ որքան ծանօթ ըլլաս, փայտը ձեռքէդ մի ձգեր:

Շան պոչը կտրելով անմեղ գառնուկ չի դառնար:

Շատ գիտես, քիչ խօսիր:

Շատ մի սիրեր ատել կայ. չատ մի ատեր սիրել կայ:

Շատին եւելէն ինկողը քիչն ալ կը կորսնցնէ:

Շիտակ ճամբով կնացողը չի յոգնիր:

Շունը հաչելով կը մնայ, ճամբորդը իր ճամբան կ'երթայ:

Շուտ քալողը՝ ճամբան կը մնայ:

Ո

Ոչ առ ու փախիր, ոչ նստէ ու լաց:

Ոչ ոք իր կամքով կը ծնի, բայց կը ցանկայ, որ ամէն բան իր
    կամքով ըլլայ:

Ոսկին մանր է, զինը ծանր է:

Ոսկին կրակի մէջ կը փորձուի, բարեկամը՝ դժբախտութեան:

Ով զարնան քնանայ, աշնան շատ կ'ուլայ:

Ով մոմը ցերեկը կը վառէ, գիշերը մութի մէջ կը մնայ:

Ով որ իր տանը չէ հաւատարիմ, մի ըլլար անոր հետ դուն
    մտերիմ:

Ով որ խօսիլ գիտէ, գիտէ նաեւ խօսելու ժամանակը:

Ով որ կ'ըսէ ուզածը, կը լսէ չուզածը:

Ով որ կը կարծէ գիտնալ ամէն բան անտարակոյս նա տգէտ մըն
    է անբան:

Ով որ հանգիստ սիրտ ունի, ամէն ինչ ունի:

Ով որ մեծերուն խրատը առնէ, ան իր գործերը երբեք չի խառնէ:

Ով որ քիչով գոհ կըլլայ, շատը կը գտնայ:

Ոտքին սահածը կը բռնուի. լեզուին սահածը չի բռնուիր:

Որ տեղ հաց՝ այն տեղ կաց:

Որբին խրատ տուողը շատ կ'ըլլայ, հաց տուողը՝ քիչ:

Որու սայլը նստի, անո՛ր հորովելը կ'երգէ:

Որուն շատ տրուած է, անկէ շատ կը պահանջուի:

Որքան որ գիտնաս, մի ըսեր՝ բաւ է. ով շատ բան գիտնայ, աւելի լաւ է:

Ուզողի մէկ երեսն է սեւ, չտուողին՝ երկու:

Ուղտը ձագ ծնաւ աննկատ անցաւ, հաւը ձու ածեց, աշխարհն իմացաւ:

Ունեցիր սիրտ մը խոնարհ. կը հնազանդի քեզ աշխարհ:

Ուշ եկող հիւրը գտածը կուտէ:

Ուշ թող ըլլայ, նուշ ըլլայ:

Ուր հաց հոն կաց:

Ուր որ կամք կայ, հոն ճանապարհի կայ:

Ուր վազր չկայ հոն նապաստակն է արքայ:

Ուրիշին սիրէ, որ սիրուիս ուրիշէն:

Ուրիշին փոս փորողը ինքը մէջը կ՚իյնայ:

Չ

Չամիչ տամ կոթ ունի, կեռաս տամ կուտ ունի:

Չար մարդը ածուխի նման է, եթէ չայրէ, կը սեւցնէ:

Չարը դեմ չարին՝ զէնքն է տկարին. Մէրը դեմ սուրին՝ զէնք գօրաւորին:

Չարին դէմ չար գործ է անճար. բարւոյն մէջ է բուն ոյժն անճառ:

Չարին չար հատուցանել, ամէն մարդ կ'ընէ. չարին բարին
    հատուցանել՝ մեծահոգին կ'ընէ:

Չարին՝ չարիք հատուցանել փոքրահոգի մարդու գործ. չարին՝
    բարիք հատուցանել մեծահոգի մարդու գործ:

Չափէ չափէ՝ ապա ձեւէ:

Չհրաւիրուած տեղը կերուխումի չերթաս:

Չոր բոնես՝ կանաչ դառնայ:

Չորս բաներ կարելի չէ ետ բերել՝ նետուած քարը, բերանէդ
    ելած խօսքը՝ պատահած դէպքը եւ անցած ժամանակը:

Չուանին երկարն է լաւ, խօսքին՝ կարճը:

Պ

Պահէ յարդը կու գայ անոր յարգը:

Պատն ականջ ունի:

Պարանի երկարն է լաւը, խօսքին կարճը:

Պարապ կարասը մեծ ձայն կը հանէ:

Պարտքը կրակէ շապիկ է:

Պարկեշտ մարդոց ընկերութիւնը զանձ մըն է:

Պարտքը մժեղ կ'ըլլայ տուն կը մտնէ, ուղտ կ'ըլլայ դուրէն չ'ելլեր:

27

Պտղատու ծառը գլուխը կախ կ՚ըլլայ:

Պտղատու ծառին ճիւղերը կռացած կ՚ըլլան:

Ջ

Ջուր կրելով ջաղացք չի դառնար:

Ջուրը կ՚երթայ, աւազը կը մնայ. Մարդը կը մեռնի, հիշատակը
   կը մնայ:

Ջուրը ճամբան կը ճարէ:

Ջուրէն անցաւ, Աստուած մոռցաւ:

Ջուրն ինկողը անձրեւէն չի վախնար:

Ջուրն ինկողը՝ ձեռքէ փրփուրներուն կը նետէ:

Ջրհորը չորնալէն վերջը յարգը կը ճանչցուի:

Ս

Սահմանք քաջաց զէնն իրեանց:

Սառած օձը տաքցնողին կը խայթէ:

Սերտ բարեկամը շատ զաւծի հետ մի փոխեր:

Սունի ոտքերը կարճ են:

Սիրելի դարցաւ, երբ մահացաւ:

Սիրէ ըլլալ դուն ազախին տունիդ. քան պալատներու թագուհին
անմիտ:

Սիրող սիրտը միշտ երիտասարդ է:

Սուրին վերքը կ՚անցնի, լեզուին վերքը չանցնիր:

Ստակը [15] ստակ կը բերէ:

Սրտիդ մէջ դուն միշտ արեւ մը պահէ. ու պիտի երբեք
չվախնաս մահէ:

Վ

Վաթսուն տարեկանին ալ սորվիլը ուշ չէ:

Վատ մարդը իր սխալը արդարացնել կը ջանայ, լաւը՝ ուղղել:

Վարդ սիրողը փուշն ալ կը սիրէ:

Վարդը առանց փուշի չըլլար, սէրը առանց վշտի:

Վրայիս բիծերը ցույց տալէն առաջ, մատդ լուա՛:

Վրէժխնդրութեան պատճառած գոհունակութիւնը պահ մը միայն
կը տեւէ. ներողամտութեան պատճառած ուրախութիւնը
մշտատեւ է:

Տ

Տայն առնել է տոկոսով: Առնելէ տալ է եւ սով:

Տաար հաշուէ՛ վերջը խօսիր:

Տաար չափէ, մէկ կտրէ՛:

Տզէտ ընկերոջմէն աւելի վտանգաւոր բան չկայ:

Տզէտ մարդիկ ինչ բանէ որ համ չառնեն, այն՝ անպիտան ու
անօգուտ է կ՚ըսեն:

Տեղին ըրէ՛ կատակը, ծուռին ցցո՛ւր շիտակը. դեռ չչափած
յատակը՝ մի սուզուիր դուն վտակը:

Տէրոջը աչքերը ամէն տեղ. Չարերն ու բարիները կը դիտեն:
(Առակաց 13:3):

Տուները կը շինեն կիներ իմաստուն: իսկ յիմարներունը չէ
հաստատուն:

Յ

Յամաքի վրայ նաւ չի բանիր:

Յաւը լեռներուն տուին, լեռները չդիմացան. ցաւը մարդուն
տուին մարդը դիմացաւ:

Յերեկը՝ դաշտ գործողին: Սակայն գողին՝ անկողին:

Փ

Փիլաւ կայ ախորժակ չկայ, ախորժակ կայ փիլաւ չկայ:

Փորձուած թանը անփորձ մածունէն աւելի լաւ է:

Փոքր մրջիւններն ալ կրնան մեծ ամրոց կործանել:

Ք

Քանի լեզու իմանաս, այնքան մարդ ես:

Քամին չփչած ծովը փոթորիկ չըլլար:

Քիչ մը կեղծաւորութիւնը քաղաքավարութիւն է: Շատ
   քաղաքավարութիւնը կեղծաւորութիւն է:

Քիչ ուտելը մարմնին շահ է. Քիչ խօսիլը՝ հոգիին:

Օ

Օգուտ չունի վերջը լաց, ժամանակին աչքդ բաց:

Օձակերէ շրթայ կը շինես ձեռքեր կապելու: Բառերով
   տաղեր կը հիւսես սրտեր կապելու:

« Հայ ժողովուրդը աշխարհի մէջ յուշարձան մըն է:
Անոր ապահով պահպանումը պարտքն է
ոչ միայն մեր՝ հայերուս, այլ եւ քաղաքակիրթ մարդկութեան: »
Վազգէն Ա Կաթողիկոս (1908-1994)